AF253588

# COUR IMPÉRIALE DE LYON

# ARRÊT

## Rendu le 2 Juin 1863

ET CONFIRMANT

Un Jugement du Tribunal civil de la même ville,

**DU 6 FÉVRIER PRÉCÉDENT.**

## PARIS

IMPRIMERIE RENOU ET MAULDE

Rue de Rivoli, 144

1864

INCENDIE.GRÊLE.VIE.MARITIME
à PRIMES FIXES
A ces G les
AGENCE PRINCIPALE
AMIENS
18.Rue des Trois Cailloux

## PARIS — RUE DE RICHELIEU, 87 — PARIS

## COMPAGNIE

# D'ASSURANCES GÉNÉRALES SUR LA VIE

### LA PLUS ANCIENNE DE TOUTES LES COMPAGNIES FRANÇAISES

#### FONDÉE EN 1819

La Compagnie croit être utile aux personnes qui désirent contracter une assurance en cas de décès, en portant à leur connaissance un jugement rendu par le Tribunal civil de Lyon et confirmé par un arrêt de la Cour impériale de la même ville, au sujet d'une contestation élevée par les créanciers de l'un de ses assurés.

Les considérants du jugement et de l'arrêt méritent de fixer sérieusement l'attention. Ils démontreront que non-seulement l'assurance en cas de décès est un acte de haute prévoyance, mais encore que les sacrifices que se sera imposés l'assuré recevront la seule destination qu'il leur aura donnée.

## COUR IMPÉRIALE DE LYON (1re Chambre).

### 2 Juin 1863.

OBLIGATION DE L'ASSUREUR DE PAYER A UN TIERS UN CAPITAL APRÈS LE DÉCÈS DE L'ASSURÉ. — REVENDICATION DE CETTE SOMME PAR LES CRÉANCIERS DE L'ASSURÉ.

*Est licite le contrat d'assurance par lequel une personne stipule que, moyennant une prime annuelle mise à sa charge pendant sa vie, un capital sera payé lors de son décès à un tiers. (Art. 1121 du Code Napoléon.)*

*Cette stipulation crée au profit du destinataire du capital un droit qui naît dès le moment du contrat, et qui, simplement suspendu dans son exercice tant que dure la vie de l'assuré, existe parallèlement à l'obligation où est l'assureur de payer le capital en temps convenu.*

*Il en résulte qu'à aucune époque le montant de l'assurance ne tombe dans le domaine de l'assuré, et qu'il ne peut dès lors être revendiqué par ses créanciers à son décès.*

Voici les circonstances qui ont donné lieu à ces solutions intéressantes qui n'ont pas de précédents dans la jurisprudence :

M. Bouvard, négociant, est décédé le 8 octobre 1862, peu de temps après avoir stipulé avec la *Compagnie d'Assurances générales* que, moyennant l'acquittement pendant toute sa vie d'une prime annuelle de 1,072 fr., un capital de 20,000 fr. serait compté, lors de sa mort, à sa veuve ou à ses enfants.

M⁰ Chapuis, avoué, nommé par ordonnance de référé séquestre de la succession, a prétendu que le montant de l'assurance dépendait de l'actif de la succession, et, dans l'intérêt des créanciers, il a assigné M⁰ veuve Bouvard, tant en son nom personnel que comme tutrice de son enfant mineur, en revendication de la somme de 20,000 fr.

La défenderesse a soutenu qu'elle avait acquis, dès le moment du contrat avec la *Compagnie d'Assurances générales*, un droit sur cette somme, qui échappe ainsi à l'action des créanciers de son mari.

Le Tribunal, sous la présidence de M. Vachon, a rendu le jugement suivant :

Attendu que, par convention verbale intervenue entre Jean Bouvard et la *Compagnie générale*, cette dernière s'était engagée, moyennant le payement d'une prime annuelle de 1,072 fr., pen-

dant toute la vie de Bouvard, à payer, après sa mort, une somme
de 20,000 fr. ou à sa femme ou à ses enfants ;

Attendu que Bouvard étant décédé, Me Chapuis a été nommé
séquestre de sa succession, chargé de représenter en cette qualité
la masse de ses créanciers, et qu'il a formé contre la Compagnie
générale une demande en payement du montant de l'assurance ;
que, de son côté, la veuve Bouvard agissant tant en son nom
qu'au nom de ses enfants, demande que la somme due par la
Compagnie lui soit attribuée ; qu'enfin la Compagnie déclare
être prête à se libérer entre les mains de qui par justice sera
ordonné ;

Attendu que, pour la solution de la question qui s'agite entre
la veuve Bouvard et Chapuis, il est inutile de se préoccuper de
ce qui devrait arriver si la difficulté existait entre une veuve et
les enfants du défunt, soit qu'ils fussent nés de leur union ou
issus d'un mariage antérieur ; qu'il doit en être de même de l'hypothèse où la veuve et les enfants de l'assuré étant décédés avant
lui, la somme due par la Compagnie serait réclamée par ses
créanciers ; que, dans le premier cas, il y aurait lieu d'examiner
s'il a été fait des avantages dépassant la quotité disponible, et
que, dans le second cas, la difficulté ne pourrait surgir qu'entre
la Compagnie et les créanciers de l'assuré ; qu'il est bien évident
que ces hypothèses n'ont aucun rapport avec celle sur laquelle
le Tribunal doit statuer ;

Attendu que le Tribunal doit avant tout rechercher quelle est
la nature du contrat consenti par Bouvard ;

Attendu que la nature ou le caractère de ce contrat est évidemment double ; qu'entre la Compagnie et Bouvard c'est un
contrat à titre onéreux et synallagmatique ; qu'en effet, Bouvard
contracte l'engagement de payer chaque année, et pendant toute
sa vie, une somme de. . ., et que la Compagnie s'engage pour prix

du payement de cette prime à payer une somme importante après le décès de l'assuré ; qu'en outre, ce contrat doit évidemment être rangé dans la classe des contrats aléatoires, la durée de la vie humaine étant très-incertaine ;

Attendu que dans le rapport de Bouvard l'assuré, de sa femme et de ses enfants, ce contrat perd son caractère onéreux pour prendre son caractère de gratuité ; qu'il est impossible de méconnaître qu'en effet la femme ou les enfants ne contractent aucun engagement, qu'ils sont seulement désignés pour recevoir le bénéfice futur du contrat ;

Attendu qu'il serait difficile, pour ne pas dire impossible, de trouver dans le Code Napoléon un nom qui pût être donné à cette convention ; que c'est là un de ces contrats innommés et que le législateur n'avait pu prévoir, dont il n'a pu régler les conséquences légales, parce qu'à l'époque où le Code fut promulgué, les assurances sur la vie étaient choses inconnues ;

Attendu néanmoins que c'est dans les principes généraux que l'on doit rechercher et trouver la solution de la question ;

Attendu qu'une fois établi de la part de Bouvard, que, dans son intention, il a voulu faire un avantage, un don à sa veuve, il faut examiner s'il a fait ce qu'il voulait faire et s'il a pu le faire valablement ;

Attendu, quant à l'intention de Bouvard, qu'elle n'est pas douteuse, qu'il a stipulé en faveur de sa femme et de ses enfants ; qu'il ne s'est nullement préoccupé de ses créanciers, auxquels il ne pensait pas ; qu'ainsi, le fait et l'intention du stipulant ont concouru vers le même but ;

Attendu que Bouvard avait incontestablement le droit de stipuler l'abandon d'un avantage futur au profit de sa femme ; que c'était de sa part un acte qui prouvait sa prévoyance extrême, ainsi que son affection pour des êtres qui devaient lui être bien chers ; que sans doute un époux, un père n'a pas le droit d'enrichir ceux qu'il aime au détriment de ses créanciers ; mais que, dans le procès, le mot de fraude n'a pas même été prononcé ; que toujours la bonne foi de Bouvard a été reconnue ; que d'ailleurs, en cas de fraude, l'article 1167 du Code Napoléon tend aux créanciers une main secourable ;

Attendu, en fait, que la fraude, dans un contrat de cette nature, ne pourrait porter que sur le montant des primes payées par l'assuré, elle seule étant réellement sortie de son avoir, tandis que le montant de l'assurance n'y a jamais figuré, même indirectement ;

Attendu que la minimité de la prime payée une seule fois rend toute espèce de réclamation sans intérêt ;

Attendu qu'il résulte de ce qu'il vient d'être dit : que les créanciers sont sans droit à réclamer le bénéfice d'une stipulation qui n'a point été faite pour eux ; qu'ils ne peuvent pas davantage exciper du droit de Bouvard, en vertu de l'article 1166, puisque celui-ci a délégué et donné à sa femme la somme à recevoir après son décès ;

Attendu que les créanciers sont également sans droit pour critiquer l'avantage fait à la veuve, sous prétexte que ce serait une donation non acceptée du vivant du donateur ; qu'ainsi qu'il a été dit, c'est un contrat innommé, tout spécial, inconnu au commencement de ce siècle, dès lors, non soumis aux règles rigoureuses des donations entre-vifs ;

Qu'il est d'ailleurs bien évident que, dans la pensée du stipulant, aucune acceptation ne pouvait avoir lieu par la femme avant le décès de son mari ;

Attendu, qu'envisagée au point de vue du rapport successoral, la question devrait encore être résolue contre les créanciers, le rapport des choses données sans fraude n'étant point fait au profit des créanciers du défunt ;

Attendu, dès lors, que la demande de M⁰ Chapuis ne saurait être admise ;

Attendu que la *Compagnie d'Assurances générales* déclare s'en rapporter à justice et vouloir se libérer sans retard ; que, pour éviter une consignation qui donnerait lieu ensuite pour le retrait de la somme à des frais considérables et à des difficultés, il importe de prendre une mesure provisoire, sur laquelle d'ailleurs toutes les parties sont d'accord, sans préjudice de leurs droits et moyens respectifs ;

Par ces motifs,

Le Tribunal, jugeant en premier ressort, déboute Chapuis, représentant la masse des créanciers de Bouvard, de sa demande ; dit et prononce que la veuve Bouvard est autorisée à recevoir de la *Compagnie d'Assurances générales* ce qu'elle peut devoir ;

Condamne Chapuis, en sa dite qualité, aux dépens envers toutes les parties ;

Dit que M⁰ Patricot, avoué, est en tant que de besoin nommé séquestre à l'effet d'exiger et recevoir, nonobstant appel du présent jugement, les sommes dues par la Compagnie, et qu'au moyen de la quittance de M⁰ Patricot, ès-qualité, nonobstant toutes oppositions mises ou à mettre, lesquelles tiendront aux mains dudit séquestre, la Compagnie sera bien et définitivement libérée ;

Ordonne l'exécution provisoire du présent jugement, quant à ce, nonobstant appel et sans caution.

— Le séquestre de la succession Bouvard a interjeté appel de ce jugement. Ses prétentions ont été soutenues par M⁰ Rambaud ;

les intérêts de M^{me} veuve Bouvard ont été défendus par M^e Dattas.

M. le premier avocat général Onofrio a donné ensuite ses conclusions, dans lesquelles il a d'abord rappelé les prétentions respectives des parties :

Suivant l'intimée, la stipulation de M. Bouvard avec la Compagnie d'assurances aurait eu pour objet d'assurer à son décès le payement de 20,000 fr. à sa femme et à ses enfants.

Suivant l'appelant, le capital assuré devait, d'après l'intention même du défunt, être payé à sa succession.

Il s'agit, dit M. l'avocat général, de savoir quel est celui de ces deux contrats que le défunt Bouvard a eu l'intention de faire, quel est celui qu'il a fait. Voilà la vraie question du procès.

Toutefois, il faut encore savoir si l'un et l'autre de ces contrats étaient dans le droit du défunt Bouvard; si la loi ne faisait pas obstacle aux stipulations que l'une ou l'autre des parties voit dans le contrat d'assurance dont s'agit. C'est là le point qui a été plus spécialement examiné par les premiers juges, et qu'il faut examiner aussi.

Ainsi : 1° qu'est-ce que le défunt Bouvard a eu le droit de faire ? 2° qu'a-t-il eu l'intention de faire ? 3° qu'a-t-il fait en réalité par le contrat dont s'agit ? Voilà les trois points que je vais rapidement parcourir.

Le premier me paraît le moins difficile, et je dis qu'à mon sens M. Bouvard a eu le droit de faire, soit la convention dont parlent ses créanciers, soit celle dont parle sa veuve.

Je stipule avec la Compagnie d'assurances que, moyennant une prime annuelle de 1,000 fr. payée pendant ma vie, ladite Compagnie, au jour de mon décès, payera 20,000 fr. à ma succession.

La somme payée en ce cas par la Compagnie tombera dans mon hoirie, pour en suivre le sort général ; elle fera partie de l'actif destiné à éteindre le passif d'abord, puis à être partagé entre mes héritiers testamentaires ou légitimes. C'est un contrat parfaitement licite. C'est un contrat aléatoire qui a beaucoup d'analogie avec la constitution de rente viagère, tout en agissant en sens inverse.

Dans la constitution de rente viagère, j'achète une rente qui doit durer jusqu'à mon décès, en payant immédiatement un capital. Dans l'assurance sur la vie, j'achète un capital payable à mon décès, en payant une rente pendant ma vie.

L'un est l'acte de l'égoïste qui veut bien vivre et augmenter son revenu aux dépens du capital de son hoirie ; l'autre est l'acte de l'homme prévoyant et tendre qui augmente le capital de son hoirie en retranchant de son revenu.

Personne ne peut trouver à redire à un pareil contrat, et j'ajoute que c'est celui qui paraît être le plus souvent dans les prévisions des Compagnies.

Mais au lieu de stipuler que le capital à payer à son décès, et qui est l'équivalent de la prime annuelle, sera payé à son hoirie, l'assuré ne peut-il pas stipuler que ce capital sera payé à un tiers ?

Cela, Messieurs, me paraît encore certain. J'ai cherché tout à l'heure une analogie avec la rente viagère. Cette analogie, je la retrouve ici. L'article 1973 autorise la constitution d'une rente viagère au profit d'un tiers. De même que je puis, en payant immédiatement un capital, assurer à un tiers le payement d'une rente viagère après mon décès, de même je puis, en payant une prime pendant ma vie, assurer après mon décès le payement d'un capital à un tiers.

Il y a là un acte plus complexe que le premier, il y a un contrat onéreux entre la Compagnie et moi ; il y a, de plus, une libéralité de ma part envers le tiers bénéficiaire. Le contrat onéreux et la libéralité ne sont-ils pas également licites ? Ici, Messieurs, naissent les objections du représentant des créanciers :

I. « Une libéralité ! » — Mais toute libéralité doit être faite en la forme des donations ou celle des testaments ! Ici, il n'y a rien de semblable !

Je réponds à cela, d'abord, que ce n'est pas une donation, mais une libéralité indirecte, et qu'il n'est aujourd'hui plus contestable qu'on peut donner indirectement la sous forme d'un contrat onéreux. Je réponds, en outre, avec l'article 1973, qui a réglé la question de forme, en ce qui concerne la constitution de rente sur la tête d'un tiers.

Dans ce cas, l'acte contient tout à la fois un contrat à titre onéreux entre le constituant et le débiteur, puis une donation du constituant au bénéficiaire de la rente. Mais, comme l'acte principal, la convention qui se noue au moment de l'acte, c'est le contrat onéreux, c'est lui qui règle la forme : la donation, qui n'en est qu'une conséquence, est entraînée dans le contrat onéreux et en subit la forme.

Il en sera de même dans notre espèce : la donation faite au tiers qui doit bénéficier du capital, est subordonnée au contrat onéreux et en subit la forme.

II. « Une libéralité ! *Nemo liberalis, nisi liberatus !* » Avant de payer les libéralités du défunt, il faut acquitter ses dettes. Il ne peut pas être permis au défunt de disposer, pour le moment de sa mort, d'une chose lui appartenant, sans que cette chose soit d'abord soumise au payement de ses dettes.

Cela serait vrai si la chose donnée se trouvait, au moment du décès, dans les biens du défunt ; mais, dans l'hypothèse que nous examinons, il n'en est point ainsi. C'est pendant sa vie, pendant qu'il était *in bonis*, qu'il a disposé du capital dont il s'agit. Il a payé chaque année une prime déterminée, pour qu'à sa mort le tiers dont s'agit ait un capital. C'est l'échéance du bénéfice qui est renvoyée au décès. Mais la donation est antérieure.

Or, les créanciers n'ont rien à prétendre sur les choses données par le testateur pendant sa vie. Il est bien entendu que si la disposition était frauduleuse et que si l'on apercevait dans le contrat une combinaison conçue pour frauder les créanciers, elle pourrait être annulée, en vertu de la règle portée en l'article 1163 : mais nous raisonnons en dehors de la fraude qui est toujours exceptée.

III. On dit encore : « Par une pareille disposition pourront être violées les règles sur la réserve et sur les incapacités de donner et de recevoir. »

Je réponds : Non, c'est une libéralité, cela est reconnu, et, dès lors, comme telle, si elle contient un excès dans la valeur donnée, ou un avantage à une personne incapable de recevoir, elle sera ramenée aux règles du Code Napoléon ; c'est ce que l'article 1973 dispose pour la constitution de rente viagère sur la tête d'un tiers. C'est ce qu'il faut dire pour notre contrat. Ainsi, il y aura lieu à rapports, à réduction, à annulation, suivant les règles du droit, et en montrant qu'une pareille libéralité reste soumise à toutes les règles sur la réserve et sur la capacité de recevoir, on repousse tous les préjugés que les créanciers voulaient élever contre elle, on montre quelle est légale.

Retenons donc ceci, il n'y a rien de contraire à la loi dans une convention par laquelle moyennant une prime annuelle payée par moi, pendant ma vie, j'assure à l'époque de mon décès le payement du capital à un tiers. Il faut ajouter que ce que je puis faire pour un tiers étranger, je puis le faire pour mon héritier. Pourquoi en serait-il autrement ? Ne puis-je pas donner de mon vivant à mon héritier ? Et la chose donnée n'est-elle pas hors de ma succession ? Moyennant une prime payée pendant ma vie, j'assure à mon fils un capital payable à mon décès. Et alors, je suppose qu'il est bien certain que j'ai stipulé pour mon fils, et non point pour ma succession ; ce n'est point parce qu'il est mon fils qu'il recevra le capital promis, mais parce qu'il est le bénéficiaire du contrat que j'ai fait.

Ce n'est point dans ma succession qu'il prend le droit de se faire payer ce capital ; il le prend dans la collation que je lui ai faite de ce droit au jour du contrat.

Il faut encore se poser une question, qui, bien qu'ella ne soit pas à résoudre dans le procès, est utile pour sa solution. J'ai, moyennant une prime annuelle, assuré un capital payable à un tiers au jour de mon décès. Qu'arrivera-t-il si, au jour de mon décès, le tiers bénéficiaire est lui-même décédé? La Compagnie sera-t-elle libérée de l'obligation de payer ! Le capital reviendra-t-il à ma succession ? Devra-t-il être compté aux héritiers du tiers indiqué ?

Il y a à cela une première réponse : c'est que toutes ces hypothèses sont également légales, et peuvent être dans la convention où il faudra d'abord les chercher. Ainsi, j'ai pu, en stipulant le payement du capital à un tiers, convenir :... qu'en cas de décès de ce tiers, la Compagnie ne payera rien ;... qu'elle payera le capital à ma succession ;... qu'elle le payera aux héritiers du tiers ou à tous autres. Ce sera une question d'interprétation à laquelle la lettre du contrat, les circonstances, le taux des primes serviront de moyens d'appréciation.

Ainsi, par exemple, il serait très-licite de convenir que le capital payable à mon décès sera payé à ma femme, ou à tel ou tel de mes enfants, et qu'à leur défaut il entrera dans ma succession pour en subir le sort général.

Je crois donc que nous sommes bien fixés sur la question de droit. Bouvard pouvait également stipuler que le capital équivalent des primes payées par lui serait à son décès compté à sa succession, et alors la prétention des créanciers serait justifiée. Il pouvait aussi stipuler que cette somme serait payée à sa femme et à ses enfants. Et alors elle n'est jamais entrée dans sa succession, les créanciers n'y ont aucun droit. Il a eu le pouvoir de faire l'une et l'autre de ces conventions. Mais laquelle a-t-il eu l'intention de faire? et laquelle a-t-il faite?

M. l'avocat général énumère ici les motifs qui l'autorisent à croire que M. Bouvard a voulu que le payement fût fait, non à sa succession, mais à sa femme et à ses enfants. Il établit que les créanciers ne peuvent pas plus s'en plaindre que d'une donation par laquelle le père de famille aurait de son vivant retranché une partie de son patrimoine pour l'attribuer à ses enfants.

L'organe du ministère public conclut donc à la confirmation du jugement.

La Cour a rendu l'arrêt suivant :

La Cour,

Considérant que, par convention du 11 juin 1862 avec la Compagnie d'Assurances générales, Bouvard a formé un contrat d'assurance sur sa vie, et qu'il a stipulé que, moyennant une prime annuelle de 1,072 fr., mise à sa charge pendant toute sa vie, un capital de 20,000 fr., serait compté lors de sa mort à sa veuve ou à ses enfants ;

Considérant que la validité de ce contrat d'assurance n'est pas attaqué ; qu'il s'agit simplement de décider si, d'après les effets qui en dérivent, la somme de 20,000 fr. due par la Compagnie d'Assurances a fait partie du patrimoine de Bouvard au moment de son décès, ou si, dès la date de ce contrat, elle a été la propriété, soit de la veuve Bouvard, soit de son enfant ;

Considérant que les contrats d'assurances sur la vie, actes par lesquels on cherche à se garantir des préjudices possibles dans ses affections ou dans l'universalité de son patrimoine par un trop prompt décès, rentrent dans le cas de l'article 1121 du Code Napoléon, et offrent le caractère d'une stipulation licite pour autrui ;

Que ces actes créent, au profit du destinataire du capital de l'assurance, un droit qui naît dès le moment du contrat, et qui, simplement suspendu dans son exercice tant que dure la vie de l'assuré, existe parallèlement à l'obligation où est la Compagnie d'Assurances de payer le capital en temps convenu ;

Considérant qu'il s'ensuit que le montant de l'assurance n'est point alors une valeur qui ait été placée dans le patrimoine de l'assuré, et qui ait eu à en sortir ;

Que c'est un avantage créé directement pour autrui par la convention ;

Que ce qui sort à cette occasion du patrimoine de l'assuré se réduit aux primes annuelles dont il a effectué le payement dans les mains de la Compagnie d'Assurances ;

Qu'il est manifeste par là que la somme de 20,000 fr. due de la Compagnie d'Assurances à la veuve Bouvard ou à son enfant, n'est point une valeur dépendant de la succession de Bouvard et affectée à l'exécution des engagements de celui-ci ;

Considérant que si des contrats pareils à celui dont il s'agit peuvent être employés artificieusement à la frustration des droits des créanciers, l'action en fraude compète à ces derniers, d'après l'article 1167 du Code Napoléon, pour leur procurer l'anéantissement de ce qui aurait été fait au préjudice de leurs droits ; mais que, dans l'espèce, la fraude ne saurait être alléguée et qu'il n'y a pas ouverture à ce genre d'action ;

Considérant que vainement l'appelant argue des clauses particulières du contrat d'assurance qui donnait à l'assuré la faculté de résilier les conventions ou de céder à d'autres le bénéfice de l'assurance ;

Qu'il en résulte uniquement que la veuve Bouvard ou son enfant n'avaient au montant de l'assurance qu'un droit frappé d'une condition suspensive ;

Mais que l'événement du décès de l'assuré étant arrivé sans que celui-ci eût fait usage des facultés réservées par son contrat, la condition s'est évanouie, et le droit de la veuve Bouvard ou de son enfant de se faire payer par la Compagnie le montant de l'assurance a existé purement et simplement à partir du jour du contrat ;

Par ces motifs,

Statuant sur l'appel émis du jugement rendu par le Tribunal civil de Lyon, à la date du 6 février 1863 :

Dit qu'il a été bien jugé, mal et sans griefs appelé ; confirme le jugement dont est appel pour être exécuté suivant sa forme et teneur, et condamne l'appelant à l'amende et aux dépens.

1168  Paris. — Imp. Renou et Maulde, rue de Rivoli, 144.  (Septembre 1864)